ÉTUDES

SUR

GILLES CORROZET

ET SUR

DEUX ANCIENS OUVRAGES

RELATIFS A

L'HISTOIRE DE LA VILLE DE PARIS.

1º Recherches sur les éditions des *Antiquitez de Paris* de Gilles Corrozet.

2º Notice sur un manuscrit de l'an 1434 qui contient de curieux détails concernant la ville de Paris.

3º Réimpression annotée d'un opuscule gothique imprimé et sans date, intitulé : *Des rues et églises de Paris.*

Par A. BONNARDOT, Parisien.

PARIS,

IMPRIMERIE DE GUIRAUDET ET JOUAUST,

315, RUE SAINT-HONORÉ.

1848

[illegible]

[illegible]

[illegible]

[illegible]

RECHERCHES

SUR

LES ÉDITIONS DE L'OUVRAGE DE GILLES CORROZET

INTITULÉ :

Antiquitez de Paris.

Cet opuscule, tiré à 100 exemplaires, est la réimpression corrigée d'une suite d'articles insérés dans le *Bulletin de l'alliance des arts* (numéro du 10 déc. 1845 et suivants).

Cette dissertation est extraite d'un ouvrage volumineux que je compte publier par la suite, en un temps moins agité par les tempêtes politiques. Cet ouvrage offrira, sous le titre de : *Répertoire de matériaux pour l'histoire de Paris*, un catalogue raisonné de tous les manuscrits, imprimés, dessins, plans et estampes qui concernent la capitale.

Gilles Corrozet est très connu de tous les amateurs de topographie parisienne, mais nul bibliographe n'a jusqu'ici étudié spécialement son livre des *Antiquités de Paris*, sous le double rapport du mérite intrinsèque et du nombre des éditions. Le P. Lelong, le P. Niceron (tom. 24 de ses *Mém.*), Lenglet du Fresnoy (*Méthode pour étudier l'histoire*, tome IV), Brunet et autres, n'ont fait qu'effleurer ce sujet intéressant. Aussi entrerai-je dans d'assez longs détails sur les diverses éditions des *Antiquités*, par la raison que de ces éditions comparées entre elles peuvent jaillir quelques renseignements curieux pour l'histoire de la capitale.

Je ne m'étendrai ni sur la biographie du libraire-auteur, ni sur les ouvrages assez nombreux sortis de sa plume ou de sa librairie : on pourra, sur ce point, consulter les bibliographes nommés ci-dessus. Il suffira, pour éclairer cette dissertation, de dire que Gilles Corrozet naquit à Paris le 4 janvier 1510. L'époque de sa mort, qui établit celle de sa naissance, me semble authentiquement attestée par une épitaphe consistant en huit lignes de prose rimée inscrites sur la dalle qui recouvrait sa sépulture au cloître des Carmes de la place Maubert. Je reproduis cette épitaphe d'après Germain Brice, Niceron et Millin, sans en garantir les termes ni l'orthographe, qui offrent de légères variantes dans chacun de ces auteurs :

> L'an mil cinq cent soixante-huit (1),
> A six heures avant minuit,
> Le quatrième de juillet,
> Décéda Gilles Corrozet,
> Agé de cinquante huit ans,
> Qui libraire fut en son temps.
> Son corps repose en ce lieu-ci.
> A l'âme Dieu fasse merci.

1re ÉDITION. 1532. — Corrozet avait donc environ 22 ans lorsqu'il publia un volume petit in-8., que de nos jours on nommerait in-24. Cet opuscule n'est pas, comme on le croit communément, le premier ouvrage spécial imprimé sur Paris, mais c'est au moins le premier livre publié sous un titre qui promet des recherches archéologiques, et dans un format portatif destiné évidemment à servir de guide.

Voici le titre exact de ce livre, devenu rare en raison de son exiguité, et surtout de la destruction qui, par suite d'un long usage, résulte de son succès même :

« LA FLEVR *des antiquitez,* singularitez et excellences de la plus que noble et triumphante ville et cité de Paris, capitale du Royaulme de France, auec ce, la généalogie du roy Françoys pre-

----

(1) Et non en 1558, comme on lit dans la *Méthode* de Lenglet du Fresnoy et dans le P. Lelong.

mier de ce nom (1). *On les vēd au p̄mier pillier de la grant salle du Palays. Pour Denys Ianot (2). Cvm privilegio.* »

Tel est le titre que la plupart des bibliographes citent, avec de nombreuses différences dans le texte et dans le nom de l'éditeur. Je l'ai copié sur l'exemplaire que possède la Bibliothèque royale, sous le n° L 2048 (Livres de réserve).

Le mot *fleur* signifie *abrégé*. Je serais tenté de croire que Corrozet offrait au public l'abrégé d'un ouvrage plus volumineux qu'il se promettait de publier plus tard. Le privilége, signé *J. Morin*, permet à Nicolas Sauctier, imprimeur, de vendre ce livre. Derrière le privilége, daté du 19 mars 1531, on trouve le nom de l'auteur.

« Aux illustres et notables bourgeoys et citoyens de la ville de Paris, Gilles Corrozet donne salut. » Suit la dédicace : c'est une suite de vingt-cinq vers de dix syllabes, qui se terminent par une devise répétée en plusieurs autres endroits : *Plus que moins.*

Le titre est encadré d'arabesques. La date de 1532 se lit à la fin, au recto du feuillet 63, en chiffres ordinaires.

Cet ouvrage est imprimé en gros caractères, dont la forme imparfaitement arrondie, rappelant encore le style gothique, atteste une époque de transition où deux systèmes, en lutte dans l'imprimerie comme dans l'architecture, produisaient un genre mixte.

Ce petit livre se compose de huit feuillets préliminaires, suivis de 63 feuillets numérotés en chiffres romains. Chaque page contient 19 lignes. En regard du premier feuillet on remarque une gravure sur bois assez finement exécutée ; elle représente *Vergilius* montrant à *Mecenas* (ces deux noms sont inscrits sur des banderoles) un arbre autour duquel s'enlace une vigne chargée de fruits. Ce doit être une allégorie à la protection que Fran-

____

(1) Qu'il fait naïvement descendre de *Francus*, petit-fils du roi Priam !

(2) Et non : *Paris, Corrozet*, comme le dit la *Biblioth. histor.* de Lelong, n° 54,386. A cette époque, G. Corrozet n'était sans doute pas encore maître libraire ; autrement il eût été son propre éditeur. Je ne connais, au reste, que deux éditions qui portent son adresse, celles de 1550 et de 1561.

çois Ier accordait aux lettres. Au verso du 63e et dernier feuillet, une autre gravure sur bois, de forme carrée, représente un renard debout, au milieu d'une banderole qui l'entoure et qui porte cette légende : *Amor Dei omnia vincit.* Sous la patte du renard est un écusson où figure le monogramme du graveur, dans lequel on distingue les lettres SQFA, bizarrement disposées. Autour de l'encadrement on lit :

Amour partoyt — partoyt amovr — tovt par amovr — en tovt bien.

A ces détails purement matériels j'ajouterai quelques remarques sur le plan, le style et le mérite de cette première édition. Elle contient cinquante chapitres, suivis chacun de plusieurs vers de dix syllables, que précède le mot : l'*acteur*, c'est-à-dire l'*auteur*. Ces vers, qui surviennent ainsi après la description, comme la *moralité* à la suite des contes de Perrault, sont tout à fait prosaïques, mais empreints d'une bonhomie vraiment divertissante. Ils résument les matières principales traitées dans le chapitre, à l'instar des vers mnémoniques que Voltaire voulut remettre en honneur.

Du temps de Corrozet, un petit quatrain était volontiers jeté çà et là au milieu de la simple prose, sorte de mode littéraire qui, un peu plus tard, fut remplacée par la manie des citations grecques, latines et même hébraïques. Voici un échantillon (folio 47) de la versification dont ce bon Corrozet régalait ses lecteurs :

> Mil quatre cens quatre vingtz dix et neuf,
> Cheut à Paris le pont de Nostre-Dame,
> Dont escheuins receurent grāt diffame.
> Depuis on la (*sic*) restauré tout de neuf.

Ces vers rappellent ceux inscrits trente-six ans plus tard sur sa tombe. Le versificateur Corrozet se gênait fort peu à l'endroit de la rime. Il s'agit, au folio 52, de faire accorder *noble* avec *Constantinople* : il écrit tout simplement Constantinoble. Richelet paraît avoir méconnu ce commode procédé. L'auteur de l'épitaphe avait-il à cœur de rendre hommage au défunt en imitant si bien la *poésie* de son premier essai ?

Si l'on considère l'ouvrage sous le rapport de l'archéologie parisienne, les assertions de l'auteur ne reposent souvent que sur des traditions orales, sur des récits pleins de superstitions historiques ou religieuses; et l'histoire de l'avénement des rois de France occupe autant de place que celle même de Paris. Tout ce qu'il rapporte de l'origine de cette ville est un tissu de fables plus ou moins invraisemblables; encore n'a-t-il pas le mérite de l'invention : car les premiers chapitres de son livre se composent d'une copie à peu près textuelle de la description de Paris que donne Raoul de Presles dans les commentaires de sa traduction de la *Cité de Dieu* de saint Augustin. (Voy. l'édition en 2 vol. in-fol. publiée à Abbeville en 1486, tom. 1, liv. 5, ch. 25.) Tout ce qu'il dit sur l'origine des mots *Lutetia* et *Parisii*, sur la *Croix du Tiroir*, le *Carrefour Guillory*, l'*Archet S. Marry*, etc., n'est qu'une reproduction du texte de Raoul de Presles.

Corrozet cite quelquefois les auteurs qu'il copie, entre autres le chroniqueur Nicoles Gilles, et le poète *Architrenius*, dont il extrait des vers latins, accompagnés d'une traduction, etc.

Pour moi, je me sens tout disposé à lui pardonner ses absurdités et ses plagiats en considération de la naïveté de son style et de ses idées, et surtout de quelques intéressantes notices qu'il nous fournit *de visu* sur les événements historiques ou topographiques de 1526 à 1532. C'est la portion du livre la plus palpitante de *couleur locale ;* il est à regretter qu'elle soit si minime.

La stérilité des détails archéologiques de cette première édition a sans doute fait dire à la plupart des bibliographes que cette édition n'est pas recherchée pour son utilité historique, mais bien à cause de sa rareté. Au reste, c'est dans la dernière, imprimée en 1561 sous les yeux de l'auteur, qu'il faut reconnaître le mérite de l'œuvre. Corrozet l'appelle *seconde édition*, bien qu'entre 1532 et 1561 il existe au moins cinq réimpressions, que je vais passer en revue.

— Autre édit. de 1532. — En cette même année parut une réimpression (ou contrefaçon) qui prouve la faveur dont jouit cet opuscule. Elle est intitulée :

« *La Flevr des Antiquitez* et excellences de la noble et trivm-
phante ville et cité de **Paris** capittale dv Royaulme de France —
adiovtées ovltre la première impression plvsieurs singvlarités estant en ladite ville auec la généalogie dv Roy François premier,
Chez Galiot du Pré, 1532. »

Je n'ai pu qu'entrevoir ce petit volume, dont le texte est, je
pense, identique à celui de la première impression; mais les caractères en sont différents. La versification qui suit chaque chapitre dans l'édition primitive est supprimée, apparemment comme inutile, ainsi que la gravure allégorique. En tête de chaque
chapitre est une initiale ornée, gravée sur bois et de forme carrée. J'ai compté 8 feuillets préliminaires et 71 numérotés. Le titre annonce que l'auteur a ajouté *plusieurs singularités :* je ne
sais si dans le texte l'auteur a, en effet, intercalé beaucoup d'additions; mais celle vraiment importante que j'ai remarquée est une
liste des rues, églises, etc., de **Paris.** Cette liste, que j'ai parcourue, a reparu, plus ou moins augmentée, dans les éditions subséquentes. Celle-ci, la première rédigée par Corrozet, offre une
particularité remarquable : la rue du *Pélican,* voisine de celle de
Grenelle-Saint-Honoré, ne porte pas le nom ordurier qui se lit
en toutes lettres dans les listes postérieures. Elle est désignée ici
sous le nom fort innocent de *Pellican* (sans doute à cause d'une
enseigne). On pourrait en conclure que c'est entre 1532 et 1550,
époque où le nom obscène nous apparaît pour la première fois,
qu'un changement s'était opéré dans la désignation populaire de
cette petite rue mal habitée. Corrozet s'est fait d'abord un scru-
pule de citer ce nom dans sa crudité cynique; puis, entraîné par
le goût du temps (temps où Rabelais publiait son *Pentagruel*), il
a substitué depuis à l'ancien nom, tiré probablement d'une enseigne, le sobriquet, la malicieuse variante adoptée par le vulgaire.
Il est difficile de croire que cette dénomination impure fût le nom
primitif de la rue, comme l'affirme La Tynna dans son *Diction-
naire des rues de Paris.*

Tels sont les souvenirs bien positifs que j'ai conservés de ce
petit volume rare, que j'ai vu passer dans une vente en 1843, et

que je n'ai pu découvrir dans aucune des bibliothèques publiques de Paris.

Niceron dans ses *Mémoires* (tom. 24, page 151) donne ainsi le titre de cette réimpression : « *La Fleur des Antiquités* et singularités de la noble et triomphante ville et cité de Paris, et les noms des rues, églises et colléges y estant, avec la généalogie du Roy François Ier. *Paris, Gilles Corrozet*, 1532, in-8°. »

Ce titre, comme on le voit, diffère de celui que j'ai transcrit d'après l'exemplaire vendu en 1843. Niceron m'inspire peu de confiance ; il citait souvent les titres de mémoire, et je soupçonne que l'adresse de *Gilles Corrozet*, au lieu de celle de *Galiot du Pré*, a été inscrite au hasard après un titre tronqué ou du moins copié approximativement. Peut être Niceron a-t-il confondu deux éditions différentes ? Ou bien serait-ce encore une autre réimpression faite dans la même année 1532 ?

RÉIMPRESSION DE 1533. — Je n'en ai vu aucun exemplaire ; elle doit être, à peu de différences près, une reproduction de la précédente. Niceron, après avoir cité le titre de l'édit. de 1532 ci-dessus rapporté, ajoute : « ITEM. *Paris, Guillaume de Bossozel*, 1533, in-16. » On voit qu'il se souciait peu de faire connaître exactement le titre d'un livre mieux apprécié de nos jours. Le père Lelong (n° 34,386) ne fait que citer en passant l'édition de 1533, in-16, chez Rossozel, et non Bossozel, comme on lit également dans Lenglet du Fresnoy. Heureusement Brunet vient à notre aide ; c'est ainsi qu'il la cite (Manuel de 1842) : « *La Fleur des Antiquitez* singularitez et excellences de la noble ville et cité de Paris, avec la genealogie du Roy Francoys premier. Imprimé le septième iour de Mars mil cinq cent trente trois, par *Guillaume de Bossozel*, petit in-8° de 47 feuillets, lettres rondes. » Le nombre de feuillets cités me paraît bien borné, comparativement à la réimpression de 1532, qui en a 79. Il y a erreur, ou les caractères sont beaucoup plus fins. La manière dont la date est énoncée semble indiquer qu'elle ne se trouve pas au bas du titre, mais plutôt à la fin du livre. Brunet ajoute que ce livre fut vendu 12 livres. Les prix, étant une chose fort variable, ne sont bons qu'à offrir des points de comparaison. J'aurais préféré, à la place du prix, quelques lignes de détail.

Je n'aurai guère plus de renseignements à fournir sur la réimpression dont le titre va suivre.

RÉIMPRESSION DE 1534. — Citée dans le catalogue de Secousse, page 258, sous ce titre : « *La Fleur des Antiquités* et excellences de la ville et cité de Paris avec la généalogie de François premier. 1534, in-12. » Ce titre est évidemment tronqué. Le catalogue ne mentionne aucun nom d'éditeur ; la date et l'annonce du format (qui diffère de celui des réimpressions ci-dessus) sont peut-être deux *errata*. Du reste, je compte, par la suite, retrouver quelques documents sur cette matière et pouvoir éclaircir les endroits douteux de cette dissertation. Sur le catalogue de Secousse, que j'ai consulté à la Bibliothèque de l'Arsenal (8,326. H.), les prix sont marqués : cette édition de 1534, jointe à celle de 1561, s'est adjugée à 12 livres, en 1752.

RÉIMPRESSION DE 1535. — Je dois à la complaisance de M. Leroux de Lincy la connaissance de cette réimpression, qu'il possède. Le titre est celui de l'édition de 1533, citée par Brunet, avec cette addition : «... De nouveau adiouté plusieurs belles singularités dont le contenu pourras veoir en tournant le feuillet.— On le vent a Paris en la rue Neufue Nostre Dame à l'enseigne S. Nicolas. 1535 », 52 feuillets, sans préliminaires. On lit toujours dans la liste finale des rues de Paris le nom de : « rue du Pellican. » Les caractères ont encore la forme et la dimension de la réimpression de 1532 bis ; les initiales m'ont paru être aussi les mêmes : peut-être les éditions de 1533, 34 et 35 ne sont-elles que celle de 1532 bis, avec quelques additions, et changement du titre et des feuillets préliminaires. Malheureusement, je ne puis les avoir toutes sous les yeux ; la vérification serait facile.

RÉIMPRESSION DE 1543. — Un de nos bibliophiles distingués, M. Jérôme Pichon, a publié un article sur cette édition, qu'il possède, dans le Bulletin du Bibliophile de décembre 1845. Aussi me dispenserai-je de m'en occuper plus long-temps. Je dirai seulement que l'édition de 1543, donnée par Pierre Sergent, est suivie d'une liste des rues de Paris, indiquant les tenants et aboutissants de chaque rue, addition importante et qui ne se reproduit plus dans les éditions postérieures à celle-ci.

RÉIMPRESSION DE 1550. — Vue à la Bibliothèque royale (n. 2049). Lelong la cite, ainsi que le catalogue Boulard, III, p. 435. Elle porte ce titre :

« *Les Antiquitez*, histoires et singularitez de Paris, ville capittale du Royaume de France, — auec priuilege du Roy pour VI ans, Paris, au Palays en la boutique de G. Corrozet. 1550. »

Au milieu du titre est gravée sur bois la devise de Corrozet sous forme d'un pitoyable rébus. Elle consiste en un cœur (en latin *cor*), et au milieu du cœur une rosette, ce qui, si l'on adopte la complaisance du bon vieux temps, signifie *Corrozet*; ce genre de pointe paraissait alors fort ingénieux. Les amateurs de rébus de nos jours ne sont guère plus difficiles; seulement ils n'admettent plus le latin.

Ce livre, dont le titre est d'un style plus moderne que les précédents, est dédié à *Monseig. Claude Guiot, secretaire et conseiller du Roy.* C'est un in-8° imprimé en gros caractères ronds, sur un papier encadré de lignes rouges. En tout 218 feuillets, dont les deux derniers contiennent les *errata*. La rue du Pélican y est désignée par le nom le plus cynique dont on ait jamais baptisé une rue de Paris; mais il est fort probable qu'il n'a jamais paru sur les registres publics.

Le texte m'a paru refondu et très augmenté par rapport à l'impression de 1532. L'auteur a nécessairement ajouté les événements survenus depuis cette époque, et cette partie, rédigée sur des notes contemporaines, doit être, je le répète, regardée comme la plus curieuse.

RÉIMPRESSION SANS DATE (1550 ou 1551 ?) — Vue et parcourue à la Bibliothèque de l'Arsenal (Hist. 3112). Le dernier événement mentionné étant daté de 1550, il est probable qu'elle est de cette année ou, au plus tard, de l'année suivante. Ce livre, in-8°, porte ce titre : « *Les Antiquitez*, histoires et singularitez excellentes de la ville, cité et Université de Paris, capitale du Royaume.

— A Paris. Imprimé pour Estienne Groulleau. La dédicace s'a-
dresse toujours au même personnage : « A Monseigneur Claude
Guiot secretaire et conseiller du roy... preuost des marchands...
Gilles Corrozet dedie ce présent liure. » On compte en tout 127
feuillets : c'est 91 de moins que la réimpression précédente;
mais observons que les caractères sont ici très fins et les lignes
serrées, de sorte que le volume peut contenir plus de matière:
Le 113ᵉ feuillet est consacré aux *omissions*. Au verso du dernier
feuillet est gravé sur bois l'écusson de France soutenu par deux
chérubins. Si j'avais pu comparer ce volume avec le précédent,
j'aurais assigné sans doute à celui-ci un rang de date bien précis.
Il me suffira d'avoir constaté l'état de ces deux impressions, si
différentes sous le point de vue matériel. Je m'étonne que Corrozet n'ait pas donné à l'une ou a l'autre la qualification accor-
dée au livre suivan :

DEUXIÈME ÉDITION. 1561.—Voici fort probablement la dernière
impression à laquelle l'auteur ait présidé. Elle a pour titre : « *Les
Antiqvitez*, chroniques et singvlaritez de Paris, ville capitale
du royaume de France, auec les fondations et bastiments des
lieux : les sepulchres et epitaphes des Princes, Princesses et autres personnes illustres : — corrigées et augmentées pour la *seconde édition*. par G. Corrozet Parisien. Auec priuilège du Roy.
à Paris, en la grand'salle du Palais, en la boutique dudict Gilles
Corrozet. 1561. »

C'est un in-8° contenant 200 feuillets chiffrés, outre 8 préliminaires, et 30 chapitres, comme les deux réimpressions précédentes ; mais ces chapitres renferment plus de matière. Il y a
dans l'ordre et l'abondance du texte une si grande différence avec
l'opuscule de 1532, que c'est un tout autre ouvrage. Cette édition est, de toutes, celle que j'estime le plus, non comme la
plus rare, mais comme celle à laquelle l'auteur a donné la dernière main. Aussi le judicieux Jaillot, dans ses *Recherches sur
Paris*, ne cite-t-il jamais que celle-ci. Les précédentes sont trop
imparfaites pour être utilement consultées; les suivantes sont re-
maniées par des mains étrangères. Celle en question offre donc

l'œuvre de l'auteur, telle qu'il avait projeté de la produire, de la développer, de la perfectionner. Aussi glisserai-je rapidement sur la plupart des réimpressions subséquentes, qui n'offrent plus le même intérêt.

Au recto du dernier feuillet (le 200e non numéroté) est le nom de l'imprimeur : « Benoist Preuost, rue Frementel à l'Estoille d'or, près le clos Bruneau. » Au verso est encore la devise de Gilles Corrozet, une main tenant un cœur qui contient une rosette. Autour du cœur serpente une banderole où se lit : *In corde prudentis requiescit sapientia.* PROVERBIORUM 14. Au bas, le nom de Gilles Corrozet. Niceron a lu à tort : *revirescit.*

Le dernier événement enregistré est de l'an 1560. Le livre se termine, f° 184, par l'annonce de la prochaine publication de l'œuvre d'architecture de Ducerceau, « home très suffisant en l'art de perspectiue. » Cet ouvrage parut, je crois, en 1563.

Je signalerai une naïveté de l'auteur : à la suite de la liste des rues, il ajoute l'épitaphe d'un évêque d'Avranches, « à fin que le reste de ceste feuille ne demeure blanc. »

Gilles Corrozet mourut le 15 juillet 1568. Dans un espace de sept ans, mit-il au jour quelque nouvelle édition? Il en est une (dont je parlerai ci-après) datée de 1568, l'année même du décès de l'auteur. Mais fut-elle publiée par lui ou par un confrère? Dans le doute, je penche pour cette dernière opinion. Pour peu que le bonhomme Corrozet eût été long-temps malade avant l'heure fatale, il n'a pas pu s'occuper de réimprimer son ouvrage.

Il me resterait maintenant, avant de citer les éditions posthumes, à mentionner les traductions qui pourraient exister du *Livre des Antiquités*; mais je n'en ai jamais rencontré. Brunet parle de traductions faites des autres ouvrages de Corrozet, mais n'en cite aucune à propos de celui-ci; et pourtant n'est-ce pas celui de tous qui semblait réclamer de préférence une traduction, puisqu'il s'adressait aux étrangers? J'ai vu à la Bibliothèque impériale de Vienne un manuscrit allemand, de 1610, avec le titre latin : *De Germaniâ in Galliam iter* (n° DCLXX — 1046). Ces notes me promettaient beaucoup. Il y avait sur Paris 6 pages qui m'ont été traduites ; elles étaient insignifiantes. Tous les détails que l'auteur donne sur Paris sont extraits de l'ouvrage de Corrozet, qu'il cite à chaque phrase, mais sans dire s'il le lisait dans une traduction.

Je laisse la question à éclaircir à un bibliophile plus heureux que moi.

ÉDITIONS POSTHUMES DES *Antiquités de Corrozet*.

Tandis que Corrozet reposait sous les dalles du cloître de la place Maubert, un confrère, qui sans doute avait acheté le droit de réimprimer son ouvrage, Nicolas Bonfons, continua d'en livrer de nouvelles éditions.

1568. — Niceron, dans ses mémoires, en cite une que je ne connais pas : « *Les antiquités, chroniques et singularitez de Paris*, par Gilles Corrozet, augmentées par Nicolas Bonfons. *Paris*, 1568, in-8. Chez Bonfons.

Je ne nierai pas son existence ; une reimpression d'un livre nécessaire et estimé, après l'intervalle de sept années, me paraît fort probable. Si Niceron n'a pas fait une erreur de date, comme cela lui arrive trop souvent, ce serait donc la première édition posthume de G. Corrozet. Peut-être l'auteur lui-même, après l'avoir entreprise, a-t-il, au milieu de son travail, été surpris par la mort. Dans le doute, je le répète, je la regarde comme la première donnée par Nic. Bonfons.

La *Biographie universelle*, à l'article *Corrozet*, ne cite qu'une édition de l'ouvrage de cet auteur, celle de 1568. Cette citation est faite probablement d'après Niceron. On ajoute : « C'est la meilleure édition et la seule recherchée. » Cette remarque me semble bien hasardée, surtout la seconde partie de la phrase. Cet éloge est-il fondé sur l'idée que cette édition est la dernière, et par conséquent la plus parfaite qu'ait pu donner l'auteur ? Je regrette beaucoup de n'en avoir pas rencontré un exemplaire.

1576. — Le catalogue des imprimés de la Bibliothèque royale indique (sous le n° L. 2069, *i. a.*) une édition de cette date. Malheureusement le livre n'a pu se retrouver. A-t-il été déplacé, soustrait, prêté *à fonds perdu*, confondu avec une édition d'une autre date ? Je ne saurais rien décider. Je dirai seulement que son existence me paraît vraisemblable, car en huit ans d'intervalle un bon livre peut fort bien être épuisé, et exiger une nouvelle réimpression. Je l'ai vu cité encore ailleurs.

1581. — Voici une édition qui n'est pas problématique ; elle a pour titre : *Les antiqvitez, croniques et singvlaritez* de Paris, ville capitale du royaume de France, auec les fondations et bastiments des lieux, les sépulchres et épitaphes des Princes, Princesses et autres personnes illustres ; par Gilles Corrozet, Parisien, et depuis augmentées par N. B. (Nic. Bonfons), Parisien. *Paris, N. Bonfons, à l'enseigne Saint-Nicolas.* 1581, très pet. in-8.

Sur le titre est la devise de Nicolas Bonfons : une colonne soutenue de deux mains qui se croisent ; au dessus un cœur ardent, que gardent la Foi et la Charité ; le Père éternel tenant une banderole où se lit : *Proba me, Deus, et scito cor meum.* — 328 feuillets et 15 préliminaires, 32 chapitres.

N. Bonfons, dans sa préface, donne à entendre qu'il a publié une édition avant celle-ci, mais non pas deux. Il avoue que c'est le livre de feu Corrozet, mais tellement « augmenté de plusieurs choses mémorables », qu'il le regarde presque comme son œuvre propre. Néanmoins il témoigne la crainte « qu'il ne soit par quelqu'enuieux nommé pipeur du labeur d'autrui. » Il annonce qu'il publie de suite cette édition, forcé par les prières de ses amis, « outre l'ambition de plusieurs qui voulaient réimprimer Corrozet. » Il se dit si pressé par le temps, qu'il n'a pu corriger les fautes échappées à la première impression. Il promet par la suite une édition plus soignée.

Il paraîtrait, d'après ces phrases, que l'ouvrage était à peu près regardé comme tombé dans le domaine public, puisque Bonfons craint d'être prévenu par d'autres éditeurs, et se hâte d'imprimer. A mes yeux, Bonfons est un sournois qui, ne pouvant *piper* le labeur d'autrui, veut faire croire qu'il y a beaucoup ajouté. J'ai comparé l'édition de 1561 avec celle-ci, et j'en conclus qu'il n'eut d'autre peine que celle de faire certains petits

changements fort inutiles, comme de réunir en un seul chapitre
les deux premiers de Corrozet, de corriger quelques légères
fautes d'impression, et d'ajouter trois chapitres en 35 feuillets,
renfermant le récit des événements écoulés depuis 1560. Du
reste, c'est toujours l'ancien texte original, les mêmes listes des
évêques, des prévôts, des églises et des rues, sauf quelques additions intercalées : ainsi on compte deux évêques de plus, et
dans la liste des rues et églises, on voit figurer le Marché-Neuf,
le collége des Grassins, etc. Mais d'autre part Bonfons oublie de
mentionner les églises de Saint-Julien-le-Pauvre, Saint-Yves,
les Cordelières, etc., citées dans l'édition de 1551. Il nomme
Barbou l'hôtel Barbeau, et autres fautes du même genre. Ces
omissions se reproduisent dans les éditions suivantes, de sorte
que celle de 1561 doit être réputée la plus correcte.

Les additions de faits historiques ou topographiques depuis
1550, voilà donc le seul *labeur* important dont on doive lui savoir gré. Je citerai ces lignes sur la Saint-Barthélemy : « Audict
» an (1572), le 24 dudict moys d'Aoust, iour sainct Barthélemy,
» par un tumulte tant la nuict que le iour, plusieurs Princes,
» Seigneurs et Bourgeois, furent mis à mort. » Il n'ajoute aucune
réflexion, aucun détail sur cet horrible événement; silence qui
implique une tacite approbation, ou doit passer pour une basse
flatterie à l'adresse de la cour; mais, pour dédommager le lec-
teur, il n'oublie pas de signaler la miraculeuse floraison d'une
aubépine au cimetière Saint-Innocent.

1586. — Cette édition est sans doute celle *plus soignée* que
Nic. Bonfons nous promettait dans la préface de 1581, et cependant les erreurs commises dans la précédente s'y retrouvent. Les
églises de Saint-Yves, de Saint-Julien-le-Pauvre, etc., y sont
toujours oubliées. C'est un in-8. (format in-12 d'aujourd'hui)
imprimé en caractères assez fins, composé de 212 feuillets et 16
préliminaires, et divisé en 32 chapitres. Le titre de l'ouvrage
étant identiquement le même que celui de l'édition de 1581 (sauf
qu'il a une surface double), je me dispenserai de le citer.

Cette édition est de toutes la plus connue, et peut-être la moins

rare, sans doute parce qu'elle fut tirée à très grand nombre. Se-
lon quelques bibliographes, ce serait la meilleure édition du livre
de Corrozet. Erreur. Celle de 1561, corrigée sous les yeux de
l'auteur éditeur, est préférable, et c'est pourquoi Jaillot, le plus
scrupuleux des historiographes parisiens, la préfère à toutes. Elle
est beaucoup moins rare que l'édition de 1581, qui, par son exiguité, a dû servir de livre de poche.

Quant à la composition de l'ouvrage, c'est toujours le texte
de l'édition de 1561, sauf quelques intercalations et les additions nécessaires des événements écoulés entre les deux époques.

Ce qui fait rechercher cette édition de préférence aux précédentes, c'est qu'à la plupart des exemplaires est joint un second
volume, même format, même impression, intitulé :

« *Les antiqvitez et singvlaritez de Paris,* — livre second. —
De la sépulture des roys et roynes de France, princes, princesses
et autres persōnes illustres, representez par figures ainsi qu'ils
se voyent encores à presēt es eglises ou ils sōt inhumez; re-
cueillis par Ican Rabel M. paintre. *Paris, par Nicolas Bonfons,* 1588. *Avec privilége du roy.* » Au milieu du titre sont les
armes de Paris, avec le fleuve de la Seine d'un côté et la Marne
de l'autre. 119 feuillets et 4 préliminaires. Ce supplément est
fort intéressant par les détails, et surtout par les 55 gravúres sur
bois qu'il renferme, dont une offre (fol. 13) une vue de Saint-
Germain-des-Prés avec ses créneaux et ses fossés. Les 54 autres représentent les tombes royales et autres de Saint-Denis,
Saint-Germain-des-Prés, etc. Les plus intéressants de ces tombeaux sont, sans contredit, ceux élevés (à Saint-Paul) par
Henri III, en 1578, à ses trois mignons Maugeron, Samegrin
(*sic*) et Quesleus, et détruits par le peuple ameuté en 1589. Ces
tombes identiques, aux armoiries près, ne se trouvent pas, à ma
connaissance, gravées ailleurs que dans ce livre; elles sont ac-
còmpagnées des épitaphes.

1588. — Je ne sais plus où est signalée cette édition, qui me paraît bien rapprochée de la précédente. Cependant, je crois l'avoir vue, avec un titre à peu près semblable à l'édition de 1586, sauf qu'il annonçait le supplément de Rabel. Peut-être même les deux ouvrages ont-ils été refondus ensemble, et les gravures autrement placées. Du reste, la vérification me paraît peu importante, car j'ai véritablement terminé mes recherches sur les éditions de Gilles Corrozet; je ne ferai que mentionner les réimpressions suivantes, qui représentent encore le même livre plus ou moins modifié, amplifié et dénaturé.

1605. — J'ai vu l'édition de cette date, citée par le père Lelong et quelques catalogues. En voici le titre : « Les *Fastes*, antiquités et choses plus remarquables de la ville de Paris, — labeur de curieuse et diligente recherche, diuisé en 4 livres par *Pierre* Bonfons Parisien. *Paris*, Nicolas et Pierre Bonfons. 1605, in-8. Mêmes estampes que dans les deux éditions précédentes.

1606. — Même titre que l'édition de 1605, même format. On y trouve encore les gravures sur bois, dont les épreuves sont très fatiguées. Mais, si j'ai bonne mémoire, le trois tombeaux des mignons ont été supprimés, comme ils le furent en nature, en 1589, de l'église Saint-Paul. Un éditeur judicieux, au lieu de les exclure, les eût plutôt regravés comme monuments célèbres, surtout par les circonstances de leur destruction.

1607. — Reproduction du même ouvrage arrangé par Pierre Bonfons, fort probablablement sous un titre peu différent. Lenglet du Fresnoy (dans sa *Méthode historique*, t. 4), cite cette édition, que j'ai peut-être vue quelque part.

1608. — Nouvelle édition donnée par le même *Pierre Bonfons*, et augmentée par Jacques Dubreul. Je ne sais si les additions de Dubreul sont incorporées au texte refondu de Corrozet, et si l'ordre des matières et des chapitres est changé, ou si ces additions se présentent, sans se confondre avec le texte, à la suite de l'ouvrage, sous forme d'appendice. Les gravures sur bois de Rabel en font encore partie, mais très mauvaises d'épreuves, comme on doit le penser. Regardée à tort par quelques auteurs comme la meilleure édition de Corrozet.

Ici se termine la série des éditions de cet ouvrage. J'en aurai fort probablement omis quelques unes que le hasard me mettra un jour sous les yeux. Telle est la nature des recherches : elles sont susceptibles de s'étendre sans cesse, par suite de découvertes imprévues.

Dubreul, qui avait consenti à jouer le rôle d'éditeur en 1608, entreprit, malgré son grand âge, de publier sur Paris un volume plus détaillé, mieux arrangé et fondé sur de nouveaux documents. Le premier il remonta aux sources historiques ; tout en s'aidant des traditions orales, il chercha une base à une nouvelle histoire de Paris, et déchiffra des titres authentiques conservés à la bibliothèque de Saint-Germain-des-Prés (dont il était abbé), la plus riche alors de Paris en chartes anciennes.

En résumé, nous trouvons neuf éditions de cet ouvrage, contemporaines de Gilles Corrozet, dont une incertaine (celle de 1534), et une sans date, celle qui suit 1550. La première impression, 1532, est fort curieuse pour un bibliophile ; l'édition de 1561 est la plus précieuse pour un archéologue.

La meilleure des éditions postérieures à la mort de l'auteur est celle de 1586, à cause du supplément de Rabel. L'amateur qui la possède peut négliger toutes les autres et passer de suite à l'ouvrage de Dubreul ; il en renferme toute la matière, mais avec un ordre si différent, mais enrichi de tant de recherches inédites, que c'est un nouveau livre tout à fait original, qui, jusqu'au manuscrit de Sauval (vers 1660), a servi de type à toutes les publications intermédiaires.

FIN.

NOTICE

SUR UN MANUSCRIT DE L'AN 1434

QUI CONTIENT

de curieux détails concernant Paris.

On trouve à la bibliothèque dite *des Ducs de Bourgogne*, à Bruxelles, sous le n° 9564 du catalogue imprimé (3 vol. in-4°), un recueil de diverses pièces historiques manuscrites, format in-folio, sur vélin.

La dernière pièce du recueil, opuscule sur vélin, écrit sur deux colonnes, avec petites initiales à fond d'or, va faire le sujet de cette notice. L'écriture, du commencement du 15e siècle, est de forme gothique, assez grosse, demi-cursive et généralement assez facile à lire. En voici le titre :

> *La description de la ville de Paris et de l'excellence du Roy de France …. transcripte et extraicte de pluseurs (sic) aucteurs, par Guillebert de Metz, l'an 1434.*

Cette date est répétée plusieurs fois dans le cours de ce traité spécial sur Paris, le plus ancien que j'aie rencontré.

J'ai toujours regretté de ñ'avoir pas copié ou même *fac-similisé*, par voie de calque, l'ouvrage tout entier, qui se compose de 25 feuillets ou 50 pages. Le temps et la patience m'ayant manqué pour préparer une impression complète de ce curieux manuscrit, je me suis borné, en attendant qu'un bibliophile érudit entreprît cette tâche, à en extraire tout ce qui m'a paru vraiment neuf et piquant sur notre capitale.

Voici la table des trente chapitres, dont les titres sont écrits à l'encre rouge :

J'ai fait insérer dans le *Bulletin des arts*, à partir du 25 décembre 1844, une suite de quatre articles, contenant des citations annotées, extraites de ces dix derniers chapitres, qui offrent un haut intérêt. Ce sont ces mêmes articles que je fais réimprimer ici, mais avec additions, corrections, et dans un meilleur ordre.

Les premiers chapitres ne renferment guère que des fables absurdes sur nos premiers rois. Tout ce que dit l'auteur (ch. III) sur l'origine du nom de Paris repose sur des assertions fort invraisemblables. Le nom de Paris, d'origine celtique, signifierait *audacieux*. Le fait est que les Parisiens, en ce cas, n'auraient guères dégénéré ; témoin nos trois révolutions, depuis un demi-siècle. Lutèce, à son avis, est ainsi nommée à cause du *pays gras ;* il veut dire, je pense, boueux. Le palais des Thermes tirerait son nom des *termes* assignés par les tributs, opinion qui me semble fondée sur une sorte de jeux de mots. Il pense que la partie méridionale de la ville fut la première habitée. C'est une hypothèse comme une autre, mais qu'il n'appuie d'aucune preuve. Peut-être les ruines du palais susdit, seuls vestiges alors connus de l'époque romaine, lui inspirèrent-ils cette idée ; mais les nombreux débris trouvés sous Louis XIV, et principalement de nos jours (1847), autour de Notre-Dame et de la Sainte-Chapelle, semblent attester que la Cité fut le berceau de Paris, tandis que les Thermes étaient une sorte de *villa* dans le faubourg du Sud.

Au chapitre VIII, Guillebert interprète à sa manière quelques noms de rues. La Croix-du-Tiroir est ainsi nommée parce qu'en ce lieu *on trioit les bestes.* Il dit, à propos du carrefour Guillory : *Cestoit le pillory ou len coppoit les oreilles, et pour ce, a proprement parler, il est apellé le carrefour Guigne-Oreille.*

Cette phrase, et plusieurs autres, se retrouvent à peu près mot pour mot dans la première édition des *Antiquités* de Gilles Corrozet ; et tous deux paraissent avoir copié le texte de Raoul de Presle, qui écrivait vers 1375. On s'en convaincra en consultant la traduction de *la Cité de Dieu*, de saint Augustin (édition d'Abbeville, 2 vol. in-fol., 1486, t. I, livre 5, chap. 25).

Mais je me hâte d'arriver au chapitre XX et aux suivants, qui forment une description spéciale de Paris. En voici le titre :

SENSUYT LA DESCRIPTION DE LA VILLE DE PARIS DE (DEPUIS) L'AN 1407 LAQUELLE DESCRIPTION EST DIUISEE EN V PARTIES. LA PRE-MIERE PARTIE CONTIENT LA MOIENNE PARTIE APPELLÉE LA CITÉ ENTRE DEUX BRAS DU FLEUVE DE SAINE — LA DEUXIEME EST DE LA HAULTE PARTIE DE LA VILLE — LA TROISIEME EST DE LA BASSE PARTIE DE LA VILLE DEUERS S. DENIS EN FRANCE — LA QUA-TRIEME EST DES PORTES DE TOUTE LA VILLE — LA QUINTE DEUISE EN GENERAL DE LEXCELLENCE DE LA VILLE.

Ch. XX. — Guillebert de Metz décrit d'abord la cathédrale, dans un style plein de bonhomie et de naïveté. C'est, du reste, la couleur de son siècle. Mais je n'ai rien cru reconnaître qui fût positivement inédit sur ce sujet. Je citerai quelques fragments : « Entour le chœur (dans tous les autres passages on lit *cuer*) (1), sont entaillés de pierre les fais des apostres et lhistoire de Joseph le patriarche de plaisant ouurage et maistre Pierre du Cognet…. En ceste esglise est le chief S. Philippe l'apostre, et le chief de S. Marcel… Il y a deux clochers ou il y a autant de degrez comme il a de iours en l'an. »

On compte aujourd'hui 380 marches. Observons que cette ma-nière d'énumérer par le nombre des jours de l'année est, chez l'auteur, un système favori ; plus tard, nous le verrons attribuer à un hôtel autant de fenêtres, autant de serrures, *qu'il y a de jours en l'an*.

Il parle ainsi du bourdon donné en 1400 par Jean de Montai-gu, (renouvelé en 1681 et refondu en 1686) : « Une cloche que len puet a paine pour quatre fois enuironner les bras estendus. »

---

(1) L'Orthographe de ce manuscrit n'est pas toujours la même. Ainsi on lit : Iaques ou Iacques, Ostel ou Hostel, Bourgogne ou Bonrgoigne, au-tres ou aultres, etc.. Cette remarque s'applique à presque tous les ouvra-ges manuscrits de ce temps.

Je pense qu'il exagère, car cette cloche pesait beaucoup moins que celle donnée par Marie-Thérèse d'Autriche.

Plus loin on lit : « Il y a une chapelle comme len va au chapitre de merueilleuse facon, et y est la légende Iob entailliée. »

Guillebert cite le *collége des Dix-Huit*, près du prieuré de S. Eloi. Ce collége, le seul établi en la Cité, fut transféré plus tard rue des Poirées, puis incorporé aux bâtiments de la Sorbonne à l'époque où Richelieu la reconstruisit. Un opuscule imprimé vers 1500, dont je parlerai ci-après, nomme, près Saint-Eloi, « la chappelle des dix-huyt clercz. »

Voici ce que notre auteur, au chapitre XXI, dit du Palais : « ... Au Palais sont salles et chambres pour loger le roy et les 12 pers. Si est de bel édifice à tours et ymages dedens et dehors, et y a un beau iardin... Et deuant le Palais demeure ung potier destain bon ouurier de merueilleux vaisseaux destain et tenoit des rossignolz qui chantoient en yver. . »

Ce dernier détail, fort oisif au milieu de la description, me semble d'une charmante naïveté ; mais la phrase la plus intéressante de ce chapitre est sans contredit celle où il parle de la grand'salle : « Il y a 8 colomnes. Là est la table de marbre de IX pièces : là sont les ymages des Roys.. etc.. »

Je n'ai jamais lu nulle part, dans aucun auteur contemporain de la table de marbre (détruite dans l'incendie de 1618), que cette table fût composée de plusieurs pièces. Tous en parlent comme étant d'un seul morceau de marbre. « C'était, a dit Sauval, la plus belle tranche de marbre qu'on ait jamais vue. » J'avoue que j'ai toujours eu peine à comprendre que, dans les temps où l'on construisait les édifices en petites pierres (sans doute à cause de l'étroitesse des rues), on eût conçu l'idée de faire d'une seule pièce une table de marbre assez grande pour qu'on donnât dessus de grands festins et des représentations de mystères à nombreux personnages. La surface de cette table devait fournir, outre la scène, une salle de derrière pour le travestissement et la retraite des acteurs. Le nombre de neuf morceaux expliquerait, en ce cas, l'étendue de la table. Cependant je n'oserais émettre à ce sujet une opinion nouvelle tendant à démentir les assertions des auteurs qui parlent sans doute *de visu* de cette fameuse *tranche de marbre*. Peut-être ce morceau, digne des Romains, provenait-il du palais des Thermes ; peut-être aussi Guillebert veut-il faire entendre que la table, faite d'un seul morceau, était soutenue par huit supports de même matière ? Ce détail n'en est pas moins un sujet de controverse assez curieux, que je livre aux commentaires des amateurs présents ou à venir.

Il ne dit rien de neuf sur la Sainte-Chapelle. Au chapitre suivant il cite l'Hôtel-Dieu sous le nom de : le grant Hospital, sans donner de détails particuliers. Il ajoute plus loin : Sy deuant en rue neufue sont XXXVII manoirs auec une boucherie et place vuide deuant la chapelle de l'ospital.

Chap. XXII. — Ponts de Paris. Il cite d'abord le *grand pont*. C'était lé Pont-au-Change, complétement incendié en 1621, remplacé long-temps par un pont de bois provisoire, puis reconstruit, pas précisément à la même place, entre 1639 et 1647. « Grant pont a de lun costé 68 louages et de l'austre costé 72. Là demourent les changeurs d'un costé, orfeures d'austre costé, et quant la ville estoit en sa fleur, passoient tant de gens sur ce pont quon y encontroit ung blanc moine et ung blanc cheual. »

Ce vieux proverbe a été appliqué depuis au Pont-Neuf, en adjoignant, je crois une fille de joie au cheval et au moine.

L'ancien *Pont-Notre-Dame* n'était pas celui qui existe aujourd'hui, et qui date de 1405 : « Là sont beaux manoirs. Si en y a 64 qui appartiennent à la ville et 18 qui sont à diuerses personnes. Si y fut commencé encore 5 maisons l'an 1432 que cette description fu faite. » On ne peut voir plus clairement qu'en ce passage l'époque précise où Guillebert composait son manuscrit.

Le *Petit-Pont* (rebâti depuis). « … Est moult fort et est des le fondement de grandes lames attacies ensemble a fer et a plonc. Là est petit Chastelet si épais de murs quon y meneroit bien par dessus une charette. Et sont dessus ces murs beaux iardins… »

Cette dernière circonstance me paraît confirmée par un mauvais dessin de la Bibliothèque du roi (collect. de Fevret de Fontette), représentant le Petit-Pont après l'incendie de ses maisons (en avril 1718). On y voit le Petit-Châtelet surmonté d'un gros arbre.

Guillebert ajoute : « .. Là est une viz (escalier tournant) double.., dont ceulx qui montent par une voie ne sappercoiuent point des autres qui descendent par l'autre voie. »

Aux Bernardins était une *viz* semblable, devant laquelle les anciens historiographes de Paris s'extasiaient. Guillebert la décrit un peu plus loin dans les mêmes termes.

Il nomme le Pont S.-Michel : le *Pont-Neuf.*

Il énumère ensuite les rue de la Cité, tous noms connus en général. Il cite une rue de la *Cage*, la rue de *Lymage des Coulons* (de l'enseigne des pigeons), et n'oublie pas la rue *Glatigny, ou est les fillettes.*

L'énumération est loin d'être complette.

Au chap. XXIII, il traverse la Seine et aborde en la *partie haulte ou les escholes sont.* Il s'abat tout d'abord sur l'église « *S. Pierre S. Pol que len dist de S^e Geneuiefue :* .., Abbaye des chanoines réguliers ou len tient les plais, deuant l'abbé, des causes dont le Pape se démet... Si est la chancellerie de luniuersité. Et conuient que le chancellier soit de lordre dicelle abbaye et a labbé haulte iustice moyenne et basse. Aussi est leglise de tele prérogatiue que nul Patriarche, Arceuesque ne Euesque, ny peuuent entrer en leurs propres habis, fors en labit de chanoine... En la tierce basse partie du cuer est la tombe du Roy Clois et de la Royne S. Clotilde. » Cette tombe fut, je crois, plus tard, placée autrement et renouvelée pour le regret des archéologues. Plus loin il parle de l'escalier *à double vis* des Bernardins, et cite plusieurs colléges et églises connus, sans ajouter d'autres explications.

«... Item lez Petit-Pont vendoit on poulailles, eufs, venaisons et autre viures, et en a place Maubert le pain.

Les murs de la ville (au sud) sont moult fors et espes que on y menroit bien une charette dessus. »

J'ai vu beaucoup de fragments de ce mur de Philippe-Auguste.

Quand il n'a pas été aminci par les propriétaires, il forme une terrasse d'environ 6 pieds de largeur; de même, au nord de la capitale. En janvier 1845, on en voyait, rue Rambuteau, n° 20, au fond d'une cour, environ 20 mètres de longueur, parfaitement reconnaissables; ce mur servait en quelques endroits de terrasse.

« ... En lile Nostre-Dame (aujourd'hui S. Louis), sont palais pour luittier... et berseaux pour traire de l'arbaleste et de l'arc à main. » Dans les plans de Paris et les gravures antérieures à 1614, on voit encore dans l'île Notre-Dame des constructions de chaume qui servent de but ou *bersaults* à des tireurs d'arc.

Puis il cite grand nombre de rues, dont les noms suivants méritent un signalement : « La rue Pompée (Poupée) est ainsi nommée dans un opuscule de 1500. — Rue du champs Petit. — Rue Pe. Gasselin, qui n'est pas celle dite Perrin-Gasselin, de l'autre côté de la Seine. — Rue des Notaires et Escriuains, près S. Séverin (aujourd'hui rue de la Parcheminerie). — Rue du duc de Bourgogne, plus tard nommée de Reims. — Le clos Brunel, où sont les escoles de....... — La rue Rozeau, inconnue. — La rue des Englois, où les bons couteliers demourent.

Guillebert, après avoir indiqué sans plus de détails divers édifices très connus, traverse (chap. XXIV) les deux bras de la Seine et nous fait parcourir la partie basse de la ville *deça les pons* (au nord). Il nomme d'abord la « Chapelle des Bonnes Femes Haudry.

« A S. Anthoine (fort probablement le petit Saint-Antoine) est ung oual de bois entaillié excellement. » Il n'en dit pas davantage.

« A S. Cateline (S. Catherine-du-Val-des-Ecoliers) est le sépulcre Nostre Seigneur, en tele forme comme il est en Iherusalem, et si est en ceste eglise lymage de Bertram *Clakin* tele come il souloit estre en son viuant. » Ce dernier détail est curieux. Le vaillant connétable Bertrand Duguesclin est, dit-on, appelé *Clakin* ou *Clacquin* dans les histoires contemporaines. Aucune description de Paris n'a mentionné cette *image* élevée en son honneur. Peut-être Guillebert aura-t-il pris pour Du-

guesclin l'effigie d'un des sergents d'armes qui fondèrent l'église
Sainte-Catherine? On n'élevait alors de statues qu'aux saints ou
aux fondateurs. Celle de Duguesclin n'aurait pu se trouver que
sur son tombeau : or ce tombeau était alors et est encore à Saint-
Denis.

« Aux Célestins est paradis et enfer en painture, auec aultres
pourtraitures... » Ce sont, je pense, des vitraux détruits en 1538
par l'explosion de la tour de Billy.

« Item, deuant le cuer est painte une ymage de Nostre Dame
de souueraine maistrise. »

« ... A leglise des Innocens est ung Innocent entier en châsse
dor et dargent. La sont engigneusement entailliés de pierre les
ymages des trois vifz et trois mors. »

Puis il parle des charniers « là où les os des mors sont entas-
sés; illec sont paintures notables de la dance macabre et autres
auec escriptures pour esmouuoir les gens a deuotion. »

Il nous apprend que le cimetière est divisé en trois parties : la
première destinée à l'église des Saints-Innocents, la deuxième au
grand *Ospital*, la troisième aux églises de Paris qui n'ont pas de
cimetière.

Voici un passage assez singulier : « En ce cimtierre est une
tournelle en lieu dung tombel ou il y a une ymage de Nostre
Dame, entailliée de pierre moult bien faite, de laquelle tournelle
len dit que ung home fist faire pour sa sepulture pourcequ'il sestoit
vanté en son viuant que les chiens ne pisseroient point sur son
sépulcre. »

Guillebert veut ici parler de la tourelle octogone dont M. Alb.
Lenoir a publié un curieux dessin dans sa *Statistique monu-
mentale*. Voici certes une manière fort naïve d'expliquer l'origine de ce vieil édifice, dont l'usage a tant exercé l'imagination
des historiographes parisiens. Était-ce une chapelle, un tombeau,
une prison, un phare? Guillebert nous donne une solution qui
pouvait être fort goûtée de son temps, et je serais tenté de l'adopter à cause de sa singularité. Par malheur, la science de M. de
Caumont (*Cours d'antiquités monumentales*, tome VI p. 336)

déclare cet édifice un fanal, semblable à plusieurs autres de même forme encore subsistants. Il servait de lampe sépulcrale à tout le cimetière. Je déclare donc forcément ne pas adopter l'hypothèse du bonhomme Guillebert, et ne la mettre en avant qu'en qualité de peinture locale.

Je regrette fort que notre historien n'ait fait que nommer *lostel S. Pol ou le Roy et la Royne demouroient*. Il regardait sans doute cet hôtel comme trop connu pour prendre la peine de le décrire. L'égoïste topographe de 1434 ne songeait guère au plaisir des antiquaires de 1845.

Il ne donne pas plus de détails sur les édifices suivants : « la Bastille, lostel de Bourbon, le Louure, lostel de Cecile; lostel de Tournelle, au Duc d'Orléans; lostel d'Artois, au Duc de Bourgoigne; lostel du Roy de Nauarre, lostel de Flandres que le duc Jehan de Bourgoigne donna au duc Anthoine de Brabant, lostel d'Alençon, lostel du petit Muthe (Musc) ou le daulphin demouroit, lostel de Fort leuesque (que l'auteur semble distinguer du *four leuesque* qu'il cite plus bas, en ajoutant : « la ou len plaide des causes du temporel de la iuridiction de leuesque de Paris, cest en la rue lescole de S. Germain); lostel de Hollande, — de Montagu, — de Tournay, — de Clicon (de Clisson). — Puis il nomme : le Chastelet, lostel de Ville et la place de Greue.

« Aux halles lez le Pilory est une fontaine... En greue est lestaple des vins, du bois, des charbons, du foing et autres marchandises en nef. »

« ... Le bel ostel Bureau Dampmartin en la...? (près la Grève), lequel Bureau, entre les autres choses de son estat, tenoit ung poete de grant auctorité appellé maistre Lorens. »

(La famille des Bureau était une des plus estimées de Paris à cette époque : Simon Bureau avait eu deux fils, Gaspard et Jean, qui devinrent grands-maîtres de l'artillerie de France et qui rendirent d'immenses services à Charles VII. Voy. une notice sur cette famille dans l'*Hist. de Charles VII*, publ. par Denis Godefroy, in-fol., p. 866 et suiv. — *Note du bibl. Jacob*).

Le **XXV**e chapitre, intitulé : Lostel de maistre Iaques Duchie, est, sans contredit, le plus intéressant de tous. Il est consacré presque tout entier à décrire la maison d'un amateur d'armes, d'instruments de musique, etc.

Ce Duchie ou Duchié, dont je n'ai pas rencontré le nom dans les comptes de la prévôté imprimés au 3e volume de Sauval, paraît avoir été l'ami et peut-être le Mécène de Guillebert de Metz ; autrement lui eût-il consacré un chapitre spécial ?

Il résulte du passage qu'on va lire que c'était, en tout cas, un personnage fort riche et bon viveur. Je m'étonne de n'avoir pu trouver de renseignements sur son compte. Mais je me hâte de céder la parole à Guillebert. Je me permets seulement de ponctuer son texte, afin d'en rendre la lecture plus facile.

« L'ostel de Maistre Iaques Duchie en la rue de Prouuelles (des *Prouvaires*). — La porte duquel est entaillié de art merueilleux. En la cour estoient paons et diuers oiseaux a plaisance. La premiere salle est embellie de diuers tableaux et escriptures denseignemens atachiés et pendus aux parois. Une autre salle raemplie de toutes manieres dinstrumens, harpes, orgues, vielles, guiternes, psalterions et autres, desquels le dict Maistre Iaques sauoit jouer de tous. Une autre salle estoit garnie de ieux deschez, de tables et dautres diuerses manieres de ieux a grant nombre. Item une belle chappelle ou il auoit des pulpitres a mettre liures dessus de merueilleux art, lesquels on faisoit venir a diuers sieges loings et pres a destre et a senestre. Item ung estude ou les parois estoient couuers de pieres precieuses et despices de souefues oudeur. Item une chambre ou estoient foureures de plusieures manieres. Item plusieurs autres chambres richement adoubez de lits, de tables engigneusement entailliés et parés de riches draps et tapis a or frais. Item en une autre chambre haulte estoient grant nombre d'arbalestes dont les aucuns estoient pains a belles figures. La estoient estandars, banieres, pennons, arcs a main, picques, faussars, planchons, haches, guisarmes, maillez de fer et de plonc, pauais, targes, escus, canons et autres engins, auec plerité d'armeures, ci briefment il parroit aussi comme toutes manieres dappareils de guerre. Item la estoit une fenestre faite de merueillable artifice par laquele on mettoit hors une teste de plates de fer creusé parmi laquele on regardoit et ploit (parloit?) a ceulx dehors se besoing estoit sans doubter le trait. Item par dessus tout lostel estoit une chambre carrée ou estoient fenestres de tous costés pour regarder par dessus la ville, et quant on y mengoit on montoit et aualoit vins et viandes à une polie, pourceque trop hault eust esté a porter. Et par dessus les pignacles de lostel estoient belles ymages dorées. Cestui maistre Iaques Duchie estoit bel home de honeste habit et moult notable. Si tenoit seruiteurs bien moriginés et instruis dauenant contenance, entre lesquels estoit bon maistre charpentier qui continuelment ouuroit a lostel. Grant foison de riches bourgeois auoit et dofficiers que on appelloit petits royeteaux de grandeur.»

J'ai copié scrupuleusement le texte de ce passage; mais, je l'avoue : je serais embarrassé d'interpréter quelques endroits, d'expliquer, par exemple, cette «*fenestre de merueillable artifice.*» Les mots : *petits royeteaux de grandeur* ne sont pas des plus clairs.

Suit la description dans le même chapitre de plusieurs autres hôtels; il mentionne :

« Lostel de Guillemin Sanguin, en la rue des *Bourbonnois* (sans doute Bourdonnais), d'excellent edifice ou il y a de sereures autant come il y a de *iours* en lan.

«... Lostel de Sire Mille Baillet, en la voirrie (rue de la Verrerie), qui estoit tresorier du Roy : ouquel hostel estoit une chappelle ou len celebroit chascun iour loffice diuin. Il y auoit salles chambres et estudes embas pour demourer en esté par terre, e en hault tout pareillement, ou len habitoit en yuer. Si y auoit des voirrieres (fenêtres) autant quil y a de *iours* en lan...

«Auec ce, ledict Sire Mille auoit, hors Paris, de trois costes de la ville ou ses heritages estoient, si grans hostelz a haulte court et basse, que ung grant prince se y logoit bien.»

Sauval, au 3ᵉ vol., cite plusieurs fois, dans les Comptes de la Prévôté, *Sire Mille Baillet,* notamment p. 305.

Plus loin, Guillebert reparle du grand Châtelet : « lentour Chastellet vendoit-on sel, fruit et herbes, et aussi y faisoit-on tout lan *chappeaux* de diuerses fleurs et verdeurs. Et deuant Chastellet estoit la grant boucherie.... — Deuant lostel de lAmiral (il ne le nomme pas) lez S. Jehan (en Grève), estoit une diuerse grosse pierre de merueilleuse facon que len nomme le *pet au deable,* et a la porte Baudet vendoit-on moult de viures. »

Je n'avais vu citée nulle part cette pierre du Pet-au-Diable. On a démoli derrière l'Hôtel-de-Ville, au mois de mai 1844, une haute tour carrée qui était connue sous ce nom. Le rez-de-chaussée avait servi de synagogue. Je publierai, par la suite, une notice sur ce beau donjon à trois étages voûtés, qui a cessé d'exister sans que personne eût songé à son oraison funèbre. Notre savant bibliophile Paul Lacroix regarde cette pierre comme druidique. Cette assertion est très judicieuse et même probable. Mais, n'ayant jamais vu cette pierre, dont nul historien ne parle, je n'ose rien affirmer à ce sujet.

La liste des rues de la *partie basse de la ville* (partie septentrionale), que nous offre Guillebert de Metz, au 26ᵉ chapitre, ne renferme aucun nom qui ne soit connu. Je citerai seulement la rue *Anquetin le Faucheur,* rue de *Robert-Lefeure,* la rue du *Petit Muche de Thiron* (sans doute une rue voisine de celle de Tiron, que Guillot nomme, dans son *Dict. des rues de Paris :* rue *Pute-y-muce*), et la rue des Cōmanderesses (de la Coutellerie), ou demeurent fēmes qui louent varles et chambrieres, aux plances de Mibray. »

« .... Somme de toutes les rues de Paris m. c. et x. (1,110). » Je ne garantirais pas cette statistique.

Guillebert parle ensuite sans détails de l'enceinte de Charles V, qu'il a pu voir construire. Je n'ai extrait que ce passage :

« .... Aux deux bouts de la basse partie de la ville, sur (au bord de) la riuiere, sont tres haulx et fors murs a grans tours ; cest assauoir au Louure ou ils sont a guarites doubles les ungs dedens deuers la ville et les autres du costé dehors la ville, et aussi aux Celestins, lesquelx estora Hugues Aubriot, preuost de Paris. »

Ces tours, guérites et murs de défense, sont assez bien figurés sur plusieurs plans antérieurs à 1600. A l'est, c'est une suite de onze tours carrées, reliées entre elles par un gros mur crénelé qui part de la Tour Billy (près l'extrémité méridionale du Grenier de réserve) et aboutit à l'entrée de l'Arsenal, vis-à-vis la rue du Petit-Musc. De là, le mur, renforcé de quelques demi-tours, va rejoindre la tour *Barbel-sur-l'yeau*, qui terminait le rempart de Phil. Auguste, tour assise au bord de la Seine, vis-à-vis la rue actuelle Poultier (île Saint-Louis). A l'ouest, un mur fortifié de tourelles en encorbellement formant guérites reliait la tour *du Bois* (voisine des trois guichets de la galerie du Louvre) à la tour *qui fait le coin*, placée au bord de l'eau, tout à fait en face de celle de Nesle.

Au moyen de ces deux sortes d'appendices à l'enceinte de Charles V, les murs du nord coïncidaient, au delà de la rivière, avec l'enceinte beaucoup plus étroite du midi, laquelle, depuis Philippe-Auguste, n'avait jamais été agrandie.

« .... En la Cousture S. Cateline (Sainte-Catherine) sont biches pour campier. »

Aux XXVIIIe et XXIXe chapitres, il est question des portes de Paris. Un seul de leurs noms me semble inconnu et ne figure sur aucun plan. Guillebert signale « *la porte d'Orléans* emprez laquele est lissue de Nele ou est au dehors le pré apellé aux Clers. » Ce nom s'appliquerait-il à la porte de Bussy, qu'il ne nomme pas. Mais d'où proviendrait ce nom ? D'un hôtel d'Orléans, voisin de cette porte, ou de la destination de cette porte, qui conduisait à l'ancienne route d'Orléans ? Je ne saurais décider. L'hôtel d'Orléans occupait alors l'emplacement de notre Halle au blé, et la route d'Orléans était sans doute plus voisine des portes Saint-Germain et Saint-Michel que de celle-ci.

Il cite encore : « .... la porte d'Enfer que len appelle maintenant S. Michel ; — la porte S. Germain, là sont faubourgs ; — la porte S. Marcel » (et non *Bordet* ou *Bordelle*, comme on la nommait encore postérieurement à 1434).

Guillebert ne fait que mentionner l'abbaye de Saint-Victor; mais, en revanche, il s'extasie sur « un moult grant arbre de de pommes de pins » que renfermait le parc de cette abbaye célèbre.

— Au village Saint-Marcel, « il y a fossés hors moult grans comme ce feust une ville à part. » Il parle ici des fossés construits de son temps contre l'invasion des Anglais, et dont j'ai cru voir encore les traces dans la rue des Hauts-Fossés-Saint-Marceau.

Il cite l'ospital Saint-Jacques-du-Hault-Pas, puis viennent les Chartreux (pas de détails), « et y est lostel appellé le pressoir de lostel Dieu, qui dure deslà ladicte porte (S. Michel) iusques ausdis chartreux. » Cet hôtel est figuré sur le plan de Ducerceau (copié en 1756 par Dheulland) et sur plusieurs autres.

Guillebert se permet aussi des excursions lointaines : il cite une maison célèbre par les conférences qu'on y tint, de son temps, *la granche aux Marchiers* (la Grange aux Merciers propriété de Jean Duc de Berry), située rue actuelle de ce nom. La maison qui fait face (auj. 1844) à la rue de Bercy remplace cette vieille grange, dont il ne reste plus que le souvenir.

Il nomme « *lostel de Conflans* le seiour du roy » ; puis il cite « le pont de Charenton, où il y a deux grandes tours, oultre lequel est léglise Nostre Dame de Metz. » Ces deux tours étaient-elles isolées de manière à former deux têtes de ponts ? Je pense de préférence qu'elles étaient voisines et réunies par une porte. Sous Henri IV, on en cite une seule placée en sentinelle au milieu du pont. On la voit ainsi figurée sur le plan de Dheulland.
Quant à *Nostre Dame de Metz*, je crois n'en avoir jamais entendu parler ; du reste, je me suis encore peu occupé des environs de Paris.

Après s'être contenté de nommer sans le décrire *lostel de Beauté*, Guillebert nous transporte à Saint-Denis, dont il a déjà parlé au chapitre 11.

« ... Eglise d'abord couuerte d'argent (assertion réputée fabuleuse comme les pilotis de Notre-Dame)... Là prent le roy loriflamme quant il va en guerre. Cest ung gonfanon dont la hante est dorée et la banière vermeille a v frenges ou len met houpes de vert. . »

« La place de Lendit, ou sont plusieurs grandes et notables croix entaillies de pierres a grans ymages. » Il veut parler sans doute des *Montjoies S. Denis*

Puis revenant à Paris, il mentionne la porte Saint-Honoré : « là sont les faubours ou est leglise appellé au Rolle » (l'église du Roule).

Après avoir cité le pont de Saint-Cloud, qui a « deux fortes tours », il nomme la porte Montmartre. « .. A demi-lieue pres est le mont ou len prent le plastre dont len fait les maisons à Paris.... Au pié du mont, léglise des Martirs que S. Geneuiefue fonda, ou S. Denis et ses compaignons furent decolez. »

Au chapitre XIe, il parle d'un ancien temple de Mercure à Montmartre, et dit qu'il en reste encore une vieille muraille. Ce renseignement s'accorde avec la dissertation, sur ce sujet, de l'abbé Lebeuf.

« La quinte partie en laquele est deuisé en general de l'excellence de la ville » forme le 30ᵉ et dernier chapitre qui offre un curieux salmigondis et une sorte de grossière statistique. Il y parle avec un pêle-même admirable de naïveté des « *tonnes de vins*, des *ouuriers*, des *escoliers*, des *veaux*, des *iolies marchãdes*, des *pourcels salés ou non salés*, des *belles filles* et du *prince d'amours* (sans doute le roi des ménestriers), *qui tenoit auec lui musiciens et galans.* »

Guillebort compte plus de *quatre mille tauernes de vins et quarante mille mendians!* Il parle du grand nombre (sans rien spécifier) *de musiciens, descripuains, dorfebures.* Il nomme enfin des gens célèbres de son temps.

C'est « le potier destain (déjà cité à l'article du *Palais*), qui tenoit les rossignolz chantans en yuer »; c'est « Christine de Pizan, fẽme tres sauante » (très connue en effet par ses écrits en prose en vers, surtout par la *Vie et gestes de Charles V*); c'est « un certain personnage dont le nom, que je n'ai pu déchiffrer, est suivi de ces mots : *bon corneur à la turlurette* »; c'est enfin « Flamel laisné, escripuain qui faisoit tant daumones et hospitalitez, et fit plusieurs maisons ou gens de mestier demouroient embas. »

Ces citations font assez voir l'importance d'un manuscrit que je me déciderai un jour à publier en entier, à moins qu'un amateur zélé ne me prévienne, ce que je souhaite de tout cœur.

FIN.

(Rédigé à Bruxelles. — Juin 1844.)

Tel est le titre exact (pour l'orthographe s'entend, car ce n'est pas un *fac-simile*) d'un rare opuscule in-8°, sans date, que je réimprime d'après un exemplaire (édition princeps) de la Bibl. de l'Hôtel-de-Ville, marqué P–7. Il se compose de dix feuillets ou 20 pages, le titre compris. Si je l'avais possédé, j'en aurais donné au public une fidèle reproduction, au moyen d'un *report sur pierre*.

Le titre est formé, ainsi que tout le texte, de caractères gothiques de la fin du 15ᵉ siècle. Au dessous du titre, une grossière estampe sur bois représente tant bien que mal une des entrées de Paris. Au verso du dernier feuillet, une autre petite planche, de forme carrée, offre, sous un arc surbaissé, un groupe d'arbres, sur lequel se détache un écusson qui porte un D (ou peutêtre un P à queue tronquée), enlacé d'un C. C'est, je suppose, le monogramme du graveur. Plus bas, la margelle d'un puits, en pierre de tailles vigoureusement indiquées, porte, en lettre gothiques, le nom de 𝕱𝖗𝖆𝖚𝖇𝖔𝖞̄𝖘, que Brunet interprète ainsi : *Fr. Auboyns*.

Brunet, à l'article *Rues*, attribue ce livre, d'après l'époque où vivait l'éditeur *Françoys Auboyns*, à l'année 1520. Pour moi, je suis porté à croire qu'il a été imprimé d'après un livre ou un manuscrit d'une date beaucoup plus reculée, témoins le style et certains passages du texte.

Brunet signale une édition postérieure, petit in-8° de 12 feuillets, également sans date, publié par *Maistre Guichart Soquand, deuant l'Hôtel-Dieu*. Il cite enfin une réimpression faisant suite à l'ouvrage intitulé : *Les cris de Paris, au nombre de sept cents*, pièce de vers imprimée chez *Nicolas Buffet*, en 1549. J'ai vu dans la bibliothèque de M. Leroux de Lincy ce même ouvrage, sans date, en 6 feuillets, imprimé sur 2 colonnes, format in-4.

Plusieurs motifs m'ont engagé à reproduire cet opuscule : sa rareté excessive, sa naïveté, et surtout cette considération qu'il est antérieur au livre de Gilles Corrozet, d'au moins trente ans. Les renseignements qu'il donne sur Paris sont bien minimes et généralement peu admissibles. Les assertions de l'auteur, surtout en fait de statistique, ne brillent point par l'exactitude. Comme tous les autres ouvrages du même genre et de la même époque, celui-ci contient quelques vérités, au milieu de contes absurdes et de ouï-dire de bonnes femmes, compilés sous une forme quelconque. Néanmoins il fournit, çà et là, quelques documents piquants, qu'on chercherait vainement ailleurs.

Le texte reproduit est accompagné de quelques notes et commentaires : j'en ai scrupuleusement conservé l'orthographe, la ponctuation, et même les abréviations. Mais pour plus de clarté, j'ai ajouté quelquefois des apostrophes, des traits, des espaces, des accents et des lettres initiales. Les J représentent les I majuscules du texte; les virgules, figurées dans texte par un trait oblique, sont ici remplacées par le signe ordinaire.

Alf. BONNARDOT.

Cy cõmencẽt les nõs des rues de la grãt et illustrissime ville cité, et Uniuersité d' Paris, et p̃mièremẽt du Quartier des Halles.

La grant rue Saint-Denis

La rue Saint Sauueur

— de Beau répaire

— Pauuée

— de Moultorgueil

— de Quiquetonne

— au Lyon

— de Mauconseil (1)

— de Merderel (*Verdelet*)

— au Cyne (*Cygne*)

— de la grant Truanderie

— de la petite Truanderie

— de Maudestour

— de Petouet (*Pirouette*)

— de la Chanuoirrie

— aux Prescheurs

— de la Cossonnerie

— au Feurre (*aux Fers*)

— de la Charronnerie

Le cloistre Saincte Oportune

La rue de la Tableterie

— de la Harengerie

— de la Sauonnerie

— de la Mégisserie

La rue Saint Germain lauxerrois

— des Lauandieres

— de Jehan Loingtier

— Guillaume Porée (*des deux Boules*)

— des Recõmandaresses (2)

— de la Cordouennerie (*des Fourreurs*)

— du Siege aux Deschargeurs

— des Bourbonnois (*Bourdonnais*)

— Thibault aux dez

— de la Charpenterie (*partie de celle Bethisy*)

— de la Fosse aux Chiens (*passage du Panier Fleuri*)

— de Tire chappe

— de la Monnoye

— de Betisi

L'escole Saint Germain

La rue de larbre sec

— Daueron (*Bailleul*)

(1) L'auteur semble avoir, à dessein, oublié de nommer ici les rues *des Deux Portes S. Sauueur et Marie Stuard.* Elles portaient alors les noms obscènes de *Grattec..* et de *Tirev..*, qui figurent sur d'autres listes, notamment sur celle de 1450, imprimée avec négligence par l'abbé Lebœuf.

(2) La rue de la *Coutellerie*, près l'Hôtel-de-Ville, portait ce nom, qui doit ici s'appliquer à une rue voisine de celle des *Fourreurs;* mais à laquelle? Il en est tant que l'auteur oublie de nommer!

La rue Jehan Tison

— des Poullies

— Dautriche (*de l'Oratoire*)

La grant rue Saint Honoré

La rue Saint Thomas du Louure

— de Froit Menteau

— Jehan de Saint Denis (*Pierre Lescot*)

— de Beauuois

— de Champ Fleury

— du Coq

— des Petis Champs

— du Pellicon (*du Pélican*)

— de la court Balle (*du Bouloi*)

— de Grenelles

— de Nesle (*d'Orléans*)

— de la Hache (*partie de celle des Deux-Ecus*)

— des Estuues

— du Four

— des deux Escus

— des Prouuelles (*Prouvaires*)

— de la Tonnellerie

La rue de la Ferronnerie

La place aux Chatz

La rue de la Lingerie

Les Halles

La Ganterie (*de la Lingerie*)

La Frepperie

La place aux Toilles

La halle au Fruit

La halle aux Poirées

La halle au Poisson

La rue de la Fromagerie

— Dessoubz les Pilliers

— de la Porte Saint Eustace

— de la Porte de la Contesse (*bas de la rue Montorgueil*)

— de Montmartre

— Jehan le Mire (*du Jour*)

— de la Croix Neufue (*Trainée*)

— de la Plastrière (*J. J. Rousseau*)

— des Augustins

— de Quocqueron

Le quartier de la Porte Baudets.

La grant rue Saint Martin

La rue au Maire

— de Frapault (*Phélipeaux*)

— de Trace Nonnain

— des Graueliers

— du Cymitiere Saint Nicolas

— Chapon

- de Montmorancy

La rue Garnier Saint Ladre

— Michel le Conte

— aux Ours

— de Quiquempoit

— Berthault qui dort

— Aubery le Boucher

— de la Conroyrie (*des Cinq Diamans*)

La rue de Maroye de Roucy (*Ogniart*)

— de Trousse-Vache (*de la Reynie*)

— aux Lombars

— de Mariuaulx

— de la Vieille-Monnoye

La Pierre au Laict (*des Ecrivains, suivant Latynna*)

La rue aux Escriuains

— de la Heaulmerie

— Jehan le Conte (*partie de celle d'Avignon*)

— d'Auignon

— de la Sauonnerie

— Saint-Jacques-de-la-Boucherie

— Jean de Lespine

— Saint Bon

Le carrefour Guillory

La rue du Porche-S.-Jacques

— de l'Escorcherie

La place aux Veaulx

La rue de la Tennerie.

— de la Vennerie.

— des Arcis.

— des Recōmandaresses (*de la Coutellerie*).

— de la Tacherie.

— Jehan Pain-Molet.

La rue de Tire-Boudin (1)

— de la Vieille-Tixerranderie

— de la Poterie

— de la Voirrerie (*Verrerie*)

— de la Barre-du-Bec

— Neufue-Saint-Marry

Le Cloistre-Saint-Marry

La rue de la Bretonnerie.

— de la Clouterie (*inconnue*)

— de Mariuaulx } déja nomm. plus h.

— de la Pierre au Laict } déja nomm. plus h.

— de la Fontaine Maubué

— Symon le Franc

— de Beau Bourg

— de la Plastrerie (*du Plâtre?*)

— des Estuues

— Geoffroy Langeuin

— des Menestriers

— des Petis Champs

— de Faulce Poterie (*inconnue*)

— de Cul de Sac (*Berthaud*)

— du Temple

— des Blans Manteaulx

— Perrenelle Saint-Pol (*impasse Pecquay*)

— du Plastre

— de la Vieille Parcheminerie (*partie de celle des Blancs-Manteaux*)

---

(1) Il est notoire que la rue actuelle *Marie Stuard* a porté ce nom ridicule, substitué à celui de *Tirev...* C'est donc à une autre rue, voisine de la place de Grève, que l'auteur applique ce nom. Il y a erreur dans le classement, ōu une seconde rue portait ce sobriquet, à titre de rue mal habitée.

La rue des Cynges
— du Puys
— de la Porte du Chaulme
— de Paradis
— de la Porte Barbette
La Vieille rue de Temple
La Vieille rue des Rosiers
La rue des Escouffes
— au Roy de Cecille
— des Balays
La grant rue Saint Anthoine
La rue d'Espaigne (*Jean Beau-sire*)
— de Picque Puce (1)
— des Barrez
— du Figuier
— des Jardins

La rue Saint Pol
— des Nonnandières
— de Jouy
— de la Mortellerie
— Geoffroy Lasnier
— Garnier sur l'eaue
La Porte Baudetz (*c'est-à-dire la place où elle était autrefois*)
La rue Regnault le Feure
Le vieil cymitiere Saint Jehan
La rue de Boutibourg
— de Charton (*inconnue*)
— du Chenet Saint Geruais
— Saint Jehan (*en Grève*)
Le Martellet Saint Jehan
La Place de Greue

Le Quatier (*sic*) de la Cité.

Le Pont Nostre Dame
Le Pont aux Changeurs
Le Pont aux Muniers
La rue de la Vieille Pelleterie
La Place Saint Denis de la Chartre
La rue Geruais Laurens
— de la Lentarne
— de Glatigny
— du Port Saint Landry

— Neufue Nostre Dame
Le Cloistre Nostre Dame
La rue Saint Pierre aux Beufz
— Saint Cristofle
— de Marche Palue
Le Petit Pont
La rue aux Feures
— des Marmouretz (*sic*)
— de la Licorne
— du Coquatrix

(1) Rue que je n'ai jamais vue citée dans ce quartier de Paris ; celle de ce nom était beaucoup plus loin, en dehors de l'enceinte de Charles VI. L'auteur aura voulu nommer la rue du *Petit-Musse*, ou *Muce* (Petit-Musc), ou celle de *la Petite-Pusse*, voisine de la rue de Jouy, que Corrozet mentionne dans sa liste et distingue de celle du *Petit-Musse*.

La rue de la Vieille Drapperie
— de la Juyfrie
— de la Saueterie
— de la Kalende
— de la Barillerie

La rue de Parpignan
— Saint Barthelemy
Le Palays du Roy nostre Sire
Le Pont Saint Michel

Le quartier de l'Uniuersité.

La rue Saint André des Ars
— Poupée
— des Poicteuins
— de l'Arceuesque de Rouen
    (*impasse dé la cour de*
    Rouen)
— aux Deux Portes.
— de la Chappelle Mignon
— Saint Germain des Prez
— de l'Abbé Saint Denis
— Pauée
— de Nesle
— d'Arondelle (*Hirondelle*)
— des 2 Moutons (*Git le cœur*)
— des Cordeliers
— Saint Cosme
— Pierre Sarrazin
— de la Harpe
— de Mascon
— de la Huchette
— de Sac a Lye (*Zacharie*)
— Saint Seuerin
— de la Parcheminerie
— du Bourg de Brye (*Boutebric*)
— du Foin
— du Palais au Terme
— de Cerbonne (*Sorbonne*)

La rue des Porées
La Grant rue Saint Jaques
La rue de la Bretonnerie
— aux Cordeliers (*Cordiers*)
— Saint Estienne des Grecz
— Saint Victor
— S. Nicolas du Chardonneret
— de Bieure
Le Portail Saint Bernard
La rue des Bernardins
La place Maubert
La Croix Hemon
La rue des Carmes
— du Clos Bruncau (*partie*
    de la suivante)
— Saint Jean de Beauuois
— des Noyers
— des Anglois
— Saint Jehan de Latran
— de la Gallande
— des Lauendieres
— du Feurre (*du Fouarre*)
— Judas
— des deux Portes
— de la Bucherie
— Pauée d'Andoulles (*Pavée*
    S. André)

La rue du Bon Puys	La rue d'Arras
— Raisin (*du Paon S. Victor?*)	Le champ Gaillard (*Clopin*)
— du Franc Murier	La rue Saint Julien le Poure
	Le carrefour Saint Seuerin

S'ensuyuent les noms des églises de Paris. Et pmier de celles de la Cité.

La grant eglise de Nostre Dame	La Magdaleine
Saint Jehan le Ront	Saint Denis de la Chartre
Le grant Hostel Dieu de Paris	La Chappelle Saint Simphorien
Saint Christofle	Saincte Croix en la Vieille Drapperie
Sa Saincte Chappelle Royalle	
La chappelle q̄ est dessoubz la Saite Chappelle	Saint Marcial
	Saint Pierre des Assis
La Chappelle Saint Michel	Saint Germain le Vieil
Saint Pierre aux Beufz	Saint Berthelemy
Saincte Marine	La chappelle Nostre Dame des Voultes (*tenait au chevet de la précédente*)
Saint Denis du Pas	
La Chappelle Monsieur de Paris (*ou de l'évéché*)	Saint Eloy
	Sainte Geneuiefue des Ardens
Saint Aignen	La Chappelle des Dix huyt Clercz
Saint Lendry	
La Chappelle des Notaires (*inconnue*)	

Le quartier de l'Uniuersité.

La Chappelle de Beauuois	La Chappelle de Clugny (*il s'agit de celle du Collége de ce nom*)
Saint Julien le Poure	
Saint Blaise	Les Carmes
Les Mathurins	Saint Hylaire
Saint Yues	Saint Jehan de Latran
La Chappelle de Cerbonne	Saint Benoist

La Chappelle de l'Aue Maria
La Chappelle de Nauarre
Saint Fremin du Cardinal Le Möyne
Saint Nicolas du Chardonneret
La chappelle des Bons Enfans
La chappelle Mignon
l'Eglise des Augustins
La chappelle d'Austun
Saint André des Ars
La chappelle de Presles
    id   du colléige de Tours
    id   des Dormans
Saint Séuerin

Saint Simphorien le Petit
Saint Cosme et Saint Damien
Les Cordeliers
Les Jacobins
Saint Estienne des Grecz
Saincte Geneuiefue la grande, laquelle église fut iadis édifiée en l'hōneur des deux apostres Saint Pierre et Saint Pol. Et y est enterré le premier roy de Frāce crestien, nōmé Clouis Saint Estienne de la paroisse qui est ioingnant icelle.

Le quartier des Halles et de la porte Baudetz.

Saint Geruais
L'Ospital Saint Geruais
Les Célestins
Saint Pol
Saincte Katherine du Val des Escoliers
Saint Anthoine le petit
Saint Jehan en Grèue
La Chappelle Estienne Haudry religieuses
Les Béguines religieuses
La chappelle du Sainct Esperit
La chappelle Bracque
Saincte Croix en la Bretonnerie
L'Eglise des Billettes
Saint Guillaume des Blans-mantaulx
Saint Marry

Saint Magloire
Saint Josse
Saint Bon
Saint Julien le Menestrier
Saint Nicolas des Champs
L'Eglise du Temple
Saincte Katherine de l'Ospital
Saincte Oportune
Saint Innocent
Saint Jacques de l'Ospital
L'Eglise du Sépulchre
Saint Leu Saint Gilles
Saint Germain l'Auxerrois
L'Eglise de la Trinité
Saint Sauueur
La Chappelle des Filles Dieu, où il y a des religieuses qui donnent aux malfaicteurs la croix

à baiser, l'eaue béniste, pain et vin bénis, dont ilz mengent trois morceaulx quāt on les maine pendre ou ardoir à la Justice (1).

L'Eglise de Saincte Marie l'E-gyptienne, où il y a Recluses

Saint Nicolas du Louure

Saint Thomas du Louure

L'Eglise des Quinze Vĩgtz aueugles q̃ le Roy saint Loys fonda en l'hōneur de Saint Remy

Saint Honoré

L'Eglise des Filles repenties re-ligieuses

Saint Eustace

La Chappelle de Monsieur de Bourbon

La Chappelle des Orfeures

La Chappelle de la Monnoye

Saint Liefroy

Saint Jaques de la Boucherie

Sensuit la Despence de Paris du plus nécessaire qui se fait par chacun iour, au plus près du vray. Et premièrement deux cens bœufs le iour du moins.

Item — Mille moutons le iour

Item — Six cens veaulx

Item — Huyt cens sexante muys de vin le iour, sans les bie-res, ceruoises et cydres

Item — Trois cens muys de blé et fault à chacun muy douze septiers

Item — Il fault au septier de blé mesure de Paris, vingt neuf millions sept cēs quatre vingtz douze mille grains du moins, tant puissent estre le sditz (*les susditz ?*) grains gros

Item — Il y a à l'enclos des murs de Paris quatre cens sexante et douze mille mesnagiers et plus, sans les prebtres, es-coliers, et autres extrauagans (*étrangers non domiciliés à Paris ?*), qui sont sans nombre

(1) Dans les listes de rues à la suite des *Antiquitez* de *Corrozet*, on lit, à propos des *Filles-Dieu*, ces mêmes détails, puisés sans doute à la même source.

Car cecy fut nōbré du tēps du Roy Charles sixiesme de ce nom (1). Et furent les escoliers nombrez iusques à trente mille.

Item. — Il fault en Paris en chapeaulx de fleurs, boucquetz et mays vers, po⁹ nopces, confraries, enfans baptiser, ymages d'églises, audiences de Parlement, chambre des comptes, la Chãcellerie, les Generaulx des Aydes, requestes du palays, le trésor de Chastellet, et autres iurisdictions estãs enclos dedans Paris. Cōme pour les festes et banquetz q⁹ se font en l'uniuersité en faisant les graduez et autremēt, chacun an pour quinze mille escus d'or du moins.

Item. — En offrande de chandelle de cyre po⁹ bouter deuat maistre Pierre du Quignet (*ou : Coignet, tête grotesque sculptée à Notre-Dame*) pour an à deux cens frans du moins.

Item. — Il y a à Paris cinq ou six mille belles filles, sans celles des faulxbourgz.

Item. — En saulce verd, cameline, moustarde et vinaigre, pour douze cens frãs par an.

Item. — L'on dit plus de messes et bienffais dedans Paris que l'on ne faict depuis hors des murs de Paris iusques à Rōme. Ainsi que a presché Maistre Jehan Barthelemy docteur en théologie, et homme de très déuote renommée.

Item — Et pource q̄ aucuns dient q̄ en ceste despence n'est point faicte mention des iours maisgres que l'en mengue marée.

Responce.

Il y a de marée à Paris tant fresche q̄ salée et puãte et des macquereaulx frais et sallez, des grãs rayes et petites tant fresches q̄ puãtes tant q̄ plusie⁹ s'assiēt dessus, car il en arriue tant chacun iour q̄l est impossible de le scauoir, car c'est ung monde de (*que*) Paris.

---

(1) Il semble résulter de ces mots que l'auteur copiait un manuscrit du commencement du 15e siècle. Le fond de cet opuscule paraît, en effet, appartenir à cette époque.

Dedans la cité de Paris
Y a des rues trente et six
Et au quartier de Hurepois
En y a quatre vingtz et trois
Et au quartier de Saint Denis
Trois cents il ne s'en fault que six
Comptez les bien tout à vostre aise
Quatre cens y en a et treze (1)
    Pour sauoir le long de Paris
La ou iay mainteffois esté
Je vous en diray mon aduis
Tant que suis en bonne santé
Je l'ay fait par ioyeuseté
Par manière de passer temps
Comme après sera recité
Au vray ainsi que ie l'entens.
    Je partis ung iour pour dix plaques (2)
En esté qu'il estoit matin
Dessoubz la porte Saint Jaques
Après que ieuz beu ung latin
Jusques à la porte Saint Martin
A par moy comptay en ung tas
Quatre mille cinq cens pour fin
Avec douze de mes pas
    Puis m'en allay à Saint Germain
Ou est assise la Tour de Nesle
Ou rencontre à mon chemin
Une très belle damoiselle
Je croy bien qu'elle estoit pucelle (3)

(1) L'auteur n'en nomme dans sa liste que 263; encore y comprend-il les ponts, qui étaient en effet des rues, et les places. On remarquera que ce récit versifié rappelle un peu, quoiqu'en style plus moderne, *le dict des rues de Paris*, de Guillot. — (2) Je ne m'explique pas ce vers. — (3) Ce passage, surtout, a de l'analogie avec l'opuscule de *Guillot.*

J'auoye de la veoir grant plaisir
Et là trouuay pas ne le celle
Quatre mille neuf cens (*pas*) sans faillir
    Le iour que ay deuant deuisé
Fus iusques à la tour Saint Bernard
Quant ieuz bien autour deuisé
Lendemain ie pris l'autre part
Ou ie comptay fust tost au tard
Seulement puis la tour du bois
Tirant à la tour de Billy
Ou ie trouuay pour une fois
Six mille neuf cens, point ne failly (1)
    Le lendemain en voye me mis
Et m'en allay faire le tour
Du bois de Vincennes, et puis
Je y mis bien la moytié d'un iour
Car ie comptai la sans sejour
Des pas huyt mille neuf cens
L'en eust tandis bien fait ung four (2)
Tesmoings ceux qui estoient présens
    Puis m'en allay certainement
Au Dongon prendre l'Epytaphe
Nonobstant que las fusse forment (*fortement?*)
Si en escriuis ce paraphe

L'épytaphe de la grosse tour du bois de Vincennes.

    Qui bien considère cest œuure
Comme elle se monstre et descueuure
Il peust bien dire quoncques tour
N'eust guères de plus bel atour

(1) Il n'y a pas la moindre confiance à ajouter aux prétendues mesures qu'il donne. Quatre vers plus bas, il prétend avoir mis une *demi-journée* pour faire huit mille neuf cent pas. Il cheminait bien lentement ou rencontrait souvent de *très belles damoiselles.*

(2) C'est-à-dire : Pendant ce temps, on eut pu faire cuire une fournée(?)

Que celle du bois de Vincennes
Sur tours vieilles et anciennes
A le pris pour scauoir en ça
Qui la parfist et commença
   Premierement Philippe li Roys
Fils de Charles conte de Valoys
Qui en prouesse abonda
Jusques sur terre la fonda
Pour se soulasser et esbatre.
Mil trois cens et vingt et quatre
Après vingt et quatre ans passez
Et qu'il estoit ia trespassez
   Le roy Jehan son filz cest ouurage
Fist leuer iusques au tiers estage
Dedans trois ans par mort cessa
Mais son filz le roy Charles laissa
Qui parfist en brefues saisons
Corps pour vray fossés maisons
Il nasquit au lieu delectable
Pour ce l'auoit plus agréable
De la fille au roy de Behayne (*Bohéme*)
Il eut pour espouse et compaigne
Jehanne fille au Duc de Bourbon
Pour en toute valeur bon
De qui il eut noble lignée
Charles le Daulphin et Marie
   Maistre Philippe Augier (1) tesmoigne
Tout le fait de cette besongne
Lequel à Jesu crist supplie
Qu'en ce monde bien multiplie
Le nom des nobles fleurs de Lys
Et enfin leur doint Paradis
       Amen.

(1) Ce nom est-il celui de l'auteur du présent livre ? ou plutôt de l'auteur du manuscrit dont ce livre est une copie ?

C'est ce q̃ la tour cousta à faire.

Dix et sept cens mille frans
Quatorze solz deux deniers tournois
Cousta la grosse tour du bois

La longueur largeur et haulteur de la grant Eglise de Paris.

La grāt eglise de Paris a de long dedās oeuure sexante cinq toises
Item — de large vingt et quatre toises
Item — Elle a de hault dedans oeuure dix et sept toises
Item — Les tours ont de hault trēte quatre toises. Et le tout fondé sur pilotis (1).

Récepte pour guérir d'épydimie.

Mais que l'on ny croye mye.

Deux Bourguignons de conscience
Et deux Bretons de sapience
Sans ordure deux Alemans
Sans flaterie deux Normans
Auec deux hardis Lombars
Et sans bauerie deux Picards
Et puis sans orgueil deux Francoys
Et sans trahyson deux Anglois
Deux Flamens sans beurre menger
Et en boire ung pot sans tarder
Et pour mettre la chose à fin
Deux Preudhõmes de Lymosin
Broyez en ung mortier d'estoupes

(1) Idée reconnue fausse, à diverses époques, notamment l'année dernière (1847), où l'on fouilla très profondément autour de N.-Dame. La suite de cette versification offre des hors-d'œuvre fort naïfs et dont le texte est fondé sur d'anciens dictons populaires.

Et trempez dedans voz soupes
Si aurez bonne galimafrée
Oncques telle ne fut trouuée
Pour deffendre l'epydimie
C'il est uray, nul ny contredye (1)

Dedans Paris a une chose
Qui au meilleu est enclose
Qu'on ne scauroit de Paris traire
Qui ne vouldroit Paris deffaire

R

Ung hōme qui oncques ne fut (*qui fut sans pareil*)
Alla, parla, mengea et beut
Et si eut femme et enfans
Allans parlans buuans mengeans
Et neut oncques pere ne mere
Pensez comme il se peult faire

Mada.

Ung tel enfant a eu ma mere
Qui nest son fils ne n'est mon frere
Et si la engendré mon père

C C. X III.

Deux fers d'asne treze piedz sus
Les rues notent ce c'est dedans Paris
Et moitié moins d'églises et chappelles
Vray croissent et demy sa valour
Monstrêt quās (*combien de*) beufz fault à Paris le iour
De quans montons scauoir tu veulx
Prens deux chiens les piedz et deux
Tous vallent cent

(1) Ce passage exprime assez finement les reproches adressés à divers pays. L'auteur exige : 2 Bourguignons consciencieux, 2 Bretons sages, 2 Allemands propres, 2 Picards discrets, etc.; autrement dit (dans les idées de l'auteur), des choses introuvables; d'où il donne à entendre : qu'il n'est pas de remède contre l'épidémie.

De mille prens la moytié moins.

L sur X après conioins

A Paris scauras sans declin

Quans muys fault chacun iour de vin

Autant de muys iour lui preste.

Comme q.q.q. valēt en teste

Trois croix quatre piedz et deux X.X.

Du portail Marie de Paris

Nombrent les marchans à tous ceulx

Qui les marchent par vrays deuis (1)

Le blason de Paris.

Paisible demaine

Amoureux vergier

Repos sans dangier

Justice certaine

Science haultaine

C'est Paris entier.

Les crys d'aucunes marchādises que l'on crye dedans Paris (2).

A Paris tout au plus matin

L'on crie du lait po? les nourrisses

Subuenir sans quelque auertin (*vertigo, vertige*)

Et enfans nourrir sans obices (*óbstacles*)

(1) De cette suite d'énigmes, j'en ai deviné trois seulement. — Quelle est la chose qu'on ne saurait soustraire du milieu de Paris sans le détruire? C'est la lettre R (paRis). — Le mot énigmatique *mada* est l'anagramme du mot *Adam*. — Si tu veux savoir combien de moutons consomme la ville en un jour : *prends les pieds de 2 chiens*, cela fait *huit* pattes; ajoute *deux*, cela fait dix *unités*, dont *chacune vaut cent*. Le tout forme le nombre *mille*. C'est celui précisément qu'il signale plus haut (page 46).

Je n'ai pu deviner les autres malices. Ces vers donnent une idée des grossières finesses de nos bons ayeux.

(2) Ces vers, à quelques mots près, sont faciles à comprendre à quiconque est initié au vieux français.

Après ung tas de chacieux
S'en vont cryant parmy Paris
Les vielz souliers, tournant les yeulx
Dont souuent se font plusieurs ris
   Soit en destour ou en embuche
On va cryant semblablement
A ieun ou yure, buche buche
Pour se chauffer certainement
   Puis vous orrez (*entendrez*) à haulte voix
Par ces rues matin et soir
Charbon charbon de ieune bois
Tres fort cryer pour dire voir
   Après orrez sans nulz arrestz
Parmy Paris plusieurs gens
Portans et cryans les costretz
Ou ilz gangnent de l'argent
   Puis vous orrez sans demourée
Parmy Paris à l'estourdy
Fort cryer bourrée bourrée
Pour verité cela vous dy
   Puis ung tas de frians museaulx
Parmy Paris cryer orrez
Le iour pastés chaulx pastés chaulx
Dont bien souuent n'en mengerez
   Puis après sans villennie
Parmy Paris cryer on oit
Pour bon fromage, Brye Brye
Tout chacun cela congnoist
   Puis courroucé ou tout allegre
Parmy Paris on va cryant
Tant cõme on peult, bon vin aigre
Dont qui en veult si vient auant
   Après par sens ou follye
A Paris l'on crye très hault
Jeunes ou Vieulx, Lye Lye

Ausquelz elle proffite et vault
    Sans vous musser ne cacher (*verbes synon.*)
Cryer orrez sans nul faintise
A Paris vieulx fer et acier
Ce qu'on ne fait pas à Venise
    Cryer orrez tout à deux saulx
Parmy Paris et de plain vol
Le vieil fer et les vieulx drappeaulx
A quelqun le bissac au col
    Puis orrez cryer sans quil tarde
Parmy Paris en plusieurs lieux
Pour chose certaine, moustarde
Qui à maint fait pleurer les yeulx
    Consequēment par entrefaictes
A gens de diuerses manières
Orrez crier les alumettes
Auquel mestier ne gangnent gueres
    Après orrez un Loricart
Qui est plus orgueilleux qun pet
Cryant deux manequins pour ung liart
Qui ne valent pas ung nicquet (*double tournois*)
    Puis se vous auez appetit
Dentendre cryer ung chacun
Tantost orrez gangne petit
Dont suis suppost sans nul desrun (*desordre*)
    Après orrez sans long espace
De ce fault que murmurion
Esplingles crier sans fallace
A ung tournois le carteron
    Et se cryer vous entendez
Parmy Paris trestous les cris
Cryer orrez les eschauldez
Qui sont au beurre et oeufz pétris
    Aussi on crye les tartellettes
A Paris pour enfans gastez

Lesquelz sen vont en ces ruettes
Pour les menger ia n'en doubtez
  On crye sans quelques obices
De cela ne fault point doubter
Le pain qui est pétri d'espices
Qui fleumes (*humeurs*) fait dehors bouter
  A Paris on crye mainteffois
Voire de gens de plat pays
Houssouers emmenchez de bois
Lesquelz ne sont pas de grant pris
  Puis vous verrez ung bonhōmeau
Qui fait merueilles d'entreprendre
Qui va iusques à Saint Marceau
Tousiours cryant casses (*noix ou poêlons*) à vendre
  Après toutes les matinées
Vous orrez ces villagois
Qui vont pour couurir les buées (*lessive*)
Criant : couuertois couuertois
  Puis verrez parmy les rues
Sur cheuaulx a longues oreilles
Paniers plains d'herbes et de laictues
Et filles criant la belle ozeille
  Puis verrez des Pigmontois
A peine saillis de l'escaille
Criant ramonnade hault et bas
Vos cheminées, sans escalle (*échelle*)
  D'autres cris on fait plusieurs
Qui longs seroient a réciter
L'on crie vin nouueau et vieúlx
Duquel l'on donne a taster

Explicit